Inhaltsverzeichnis

BVK PA67 · Kirsten Schönfelder: „Kunst mit dem Zettelklotz"

D1726163

Ein Wort vorweg

Zettelklötze werden für Telefonnotizen oder als Einkaufszettel benutzt und sind in fast jedem Haushalt, im Büro, in der Schule oder im Kindergarten zu finden.

Es gibt sie in Weiß und farbig sortiert, mit Box oder als Nachfüllpack, und häufig bekommt man sie als Werbegeschenk kostenlos. Weil sie fast überall schnell zur Hand sind, können Zettelklötze besonders gut für Bastel- und Gestaltungsideen in Schulen und Kindergärten eingesetzt werden. Aber auch zu Hause verspricht ein kleiner Zettelklotz sehr lang anhaltenden Bastelspaß – nicht nur an verregneten Nachmittagen.

Dass der Zettelklotz nicht nur ein preiswerter Ersatz für quadratisches Faltpapier ist, sehen Sie auf den folgenden Seiten, die Ihnen und Ihren Kindern eine Fülle von originellen Ideen zum Spielen, Basteln und Gestalten vorstellen. Dabei ist mir als Kunsterzieherin und Kulturpädagogin besonders wichtig, dass die Gestaltungsaufgaben mit vielfältigen weiteren Anregungen verknüpft sind. Mit Sachtexten, Gedichten, Fotografien, Rezepten, Spiel- und Beobachtungsaufgaben machen die Angebote neugierig auf die Welt, in der wir leben, und schaffen auf leichte und spielerische Art Möglichkeiten für vernetztes Denken und Handeln. Neben Einzelarbeiten bietet Ihnen dieses Heft auch Vorschläge zur Gestaltung von Gemeinschaftsarbeiten an. Wer schon einmal mit Kindern und Jugendlichen Gruppenarbeiten geschaffen hat, weiß, dass das gemeinschaftliche Planen und Handeln ein besonders wichtiges Erlebnis ist. Und die Größe und Qualität solcher ästhetischen Produkte beeindrucken Jung und Alt gleichermaßen.

Alle Angebote sind mit einfachen Materialien und Werkzeugen umzusetzen, die Kinder und SchülerInnen frei zu ihrer Verfügung haben: Schere, Klebestift, Bleistift, Radiergummi, Deckfarbkasten und Pinsel, Buntstifte oder Filzstifte. In einigen Fällen wird zusätzliches Material oder Gerät gebraucht wie Locher, Tacker oder Klebefilm.

Angaben dazu finden Sie jeweils zu Beginn des Kapitels.

Neben allen, die mitgeholfen haben, dieses Heft zu verwirklichen, gilt mein ganz besonderer Dank den SchülerInnen der Grundschule Giesen, die mit mir die Ideen ausprobiert haben. Herzlichen Dank sage ich auch Miriam Heine, Burkhard Schrader, Tasha Haug, Elske Randow, Mirjam Flinte, Sonja Zimmer, Ele Borchers und dem Kollegium der Grundschule Giesen.

Viel Spaß beim Gestalten, Lesen, Basteln und Spielen rund um den Zettelklotz
wünscht Ihnen

Kirsten Schönfelder

BVK PA67 · Kirsten Schönfelder: „Kunst mit dem Zettelklotz"

Ach du dickes Ei

Schon vor Christus hat man zu Ostern Sträucher mit Eiern geschmückt. Damals wurde im Frühjahr das Wiedererwachen der Natur gefeiert. Verschiedene Frühlingsbräuche sind dann in das christliche Osterfest mit eingeflossen.

Material:

farbiges Zettelklotzpapier

Schere, Klebestift

Nadel und Faden zum Aufhängen

Ei-Schablone aus Pappe

Gestalte doch auch einmal solch einen Frühlingsstrauch: Schneide Papier-Eier aus und verziere sie. Nutze hierzu die Schablone, damit die Eier schön gleichmäßig werden. Sie passt am besten, wenn eine Spitze des Papiers nach oben zeigt.
Du kannst z. B. Musterstreifen ausschneiden und aufkleben. Oder du faltest ein andersfarbiges Osterei zweimal und schneidest Muster hinein.

Wenn du die Eier aufhängen willst, solltest du auch die Rückseite verzieren und mit Nadel und Faden Aufhänger anbringen.

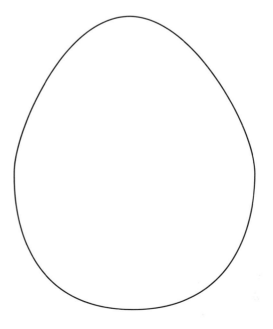

BVK PA67 · Kirsten Schönfelder: „Kunst mit dem Zettelklotz"

Memory-Wandbild (1)

Material:
weißes Zettelklotzpapier
2–3 Bögen schwarzes Tonpapier
Schere
Klebestift

Hier musst du schon genau hinschauen, um herauszufinden, welche zwei Formen zusammengehören.

Du brauchst schwarze Papierquadrate, die 0,5 cm kleiner sind als die Blätter vom Zettelklotz.

Schneide nun so in das schwarze Papier, dass du mit der Schere einen besonders langen Weg zurücklegen musst.

Aber Achtung: Am Schluss sollst du mit der Schere wieder genau am Anfangspunkt ankommen!

So erhältst du aus einem Blatt immer zwei Formen, die genau ineinanderpassen: ein Positiv und ein Negativ.

Klebe dann beide Formen auf weißes Zettelklotzpapier. Wenn du genügend Formen ausgeschnitten hast, kannst du mit einem oder mehreren Partnern Memory spielen.

Ihr könnt euch auch mit mehreren Kindern zusammentun und aus den Formen ein großes Memory-Wandbild zusammenstellen. Klebt die Zettelklotzpapiere mit den Positiven und Negativen dazu auf einen großen Bogen schwarzes Tonpapier.

Tipps:
Bei ganz fein ausgeschnittenen Formen ist es oft leichter, das weiße Blatt mit Klebstoff zu bestreichen.

Es geht auch ohne schwarzes Tonpapier: entweder du färbst weiße Zettelklotz-blätter mit dem Deckfarbkasten und einem Schwämmchen ein, z. B. in Dunkel-blau, oder du verwendest farbiges Zettelklotzpapier.

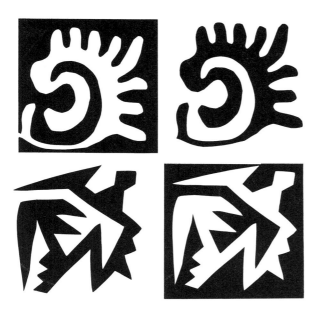

BVK PA67 · Kirsten Schönfelder: „Kunst mit dem Zettelklotz"

Memory-Wandbild (2)

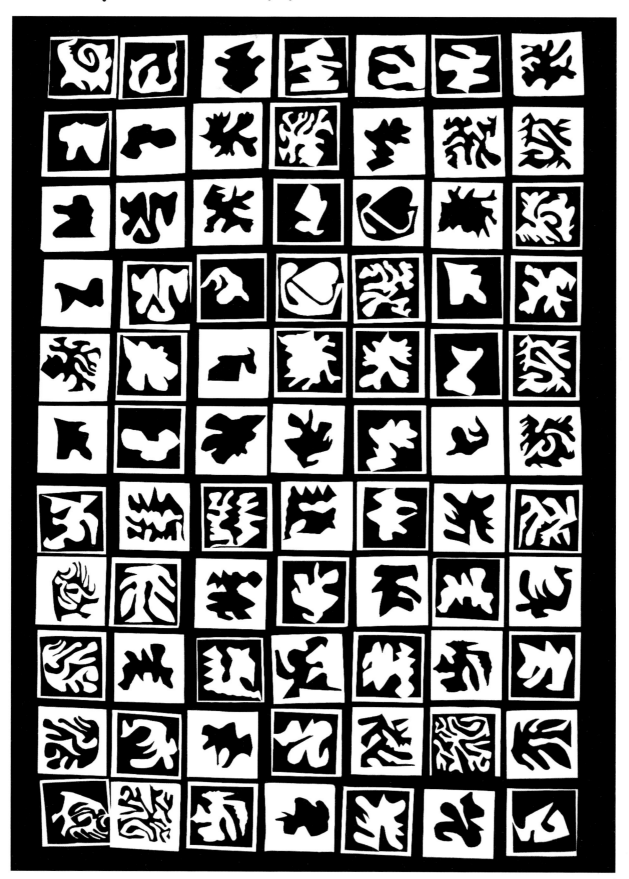

Wandbild einer 4. Klasse

Eiskristalle (1)

Material:
weißes Zettelklotzpapier
Schere
Becher oder Tasse

Wie viel wiegt eine Schneeflocke?

Ein Spatz und eine Eule begegnen sich im Winterwald.
„Kluge Eule", sagt der neugierige Spatz, „ich will dich etwas fragen! Wie viel wiegt eine Schneeflocke?"
Die Eule lacht: „Pah! Eine Schneeflocke? Die wiegt überhaupt nichts!"
Doch der Spatz ist noch nicht zufrieden mit der Antwort: „Sehr seltsam. Heute morgen saß ich in einem Baum und plötzlich fing es an zu schneien. Eine Schneeflocke fiel auf einen dicken, kräftigen Ast neben mir. Dann kam eine zweite, eine dritte, eine vierte. Ich hatte gerade nichts zu tun und so zählte ich alle Schneeflocken, die auf den dicken Ast fielen. Und stell dir vor, Eule! Genau bei der 503 982sten Schneeflocke brach der Ast entzwei und fiel zu Boden. Und da sagst du, eine Schneeflocke wiegt nichts!"

Hier siehst du verschiedene Eiskristalle. Die Wissenschaftler fotografieren sie mit einem Spezial-Mikroskop, da sie so winzig sind. Die Kristalle haben immer sechs Strahlen, aber trotzdem sieht jeder dabei anders aus! Wenn es kalt ist, entstehen sie aus dem Wasserdampf in den Wolken. Zuerst sind sie ganz klein. Sie wachsen erst auf ihrem Weg vom Himmel zur Erde weiter. Dabei verhaken sich einzelne Kristalle ineinander und so entstehen Schneeflocken.

Eiskristalle (2)

 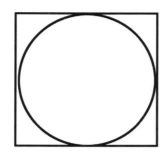

Zuerst musst du das Zettelklotzpapier rund zuschneiden. Ein Becher oder eine Tasse kann dir beim Anzeichnen helfen.

Nun faltest du das Papier zweimal, erst zu einem Halbkreis und anschließend noch einmal zu einem Viertelkreis.

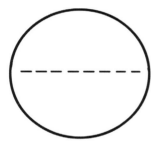 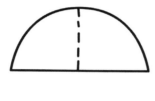

Jetzt kommt der schwierigste Teil.

Damit der Eiskristall später genau sechs Strahlen hat, musst du zunächst die linke Seite etwas weiter als bis zur Mitte falten. Anschließend faltest du dann die rechte Seite so, dass sie die zuvor gefaltete Seite ganz überdeckt.

Nun kannst du die Form an der geschlossenen Seite einschneiden.

Beim Auffalten musst du vorsichtig sein, damit dein Kristall nicht zerreißt.

BVK PA67 · Kirsten Schönfelder: „Kunst mit dem Zettelklotz"

Zauberblumen (1)

Wie durch Geisterhand
entfalten sich langsam
die Zauberblumen, wenn
sie vorsichtig auf das
Wasser gelegt werden.

Blumen sind bei vielen Künstlern und Malern ein besonders beliebtes Motiv.
Der französische Maler Claude Monet zum Beispiel liebte Blumen und Gärten.
Bei seinem Haus in der Nähe von Paris ließ er einen Seerosenteich anlegen, über den
eine japanische Brücke führte. Immer wieder malte er die Seerosen und den Garten.
Er hatte sich sogar ein Atelier mitten hineinbauen lassen. Den Garten und Monets
Haus kann man heute besichtigen.

Hier siehst du ein Blumengemälde des deutschen Künstlers Burkhard Schrader.
Vielleicht denkst du, die Blumen kann man ja gar nicht genau erkennen. Aber darum
ging es dem Maler auch nicht. Burkhard Schrader wollte zeigen, wie die Farben in
einem Blumengarten wirken.

„Blumen" (2005) © Burkhard Schrader

BVK PA67 · Kirsten Schönfelder: „Kunst mit dem Zettelklotz"

Zauberblumen (2)

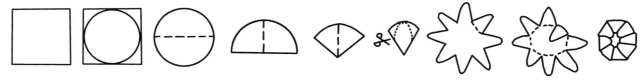

Zauberblumen herstellen

Schneide das Zettelklotzpapier zuerst rund zu. Ein Becher oder eine Tasse kann dir helfen, den Kreis zu zeichnen. Falte den Kreis dreimal. Beim Ausschneiden der Blütenspitze solltest du die Schere etwa in der Mitte der langen Seite ansetzen. Nach dem Auffalten kannst du die Blüte farbig mit Buntstiften oder Wachsmalkreiden gestalten. Danach faltest du alle Blütenblätter zur Mitte, bis die Blüte ganz geschlossen ist. Nun kannst du eine Schale oder einen Teller mit etwas Wasser füllen und die Blüte vorsichtig auf die Wasseroberfläche legen.
Was passiert?

Info

Warum öffnet sich die Zauberblume?
Papier besteht aus pflanzlichen Zellstoffen. Diese Pflanzenzellen nehmen Wasser auf, wenn sie damit direkt in Berührung kommen. Sie dehnen sich dabei aus und das Papier gerät unter Spannung. Diese Dehnung des Blütenbodens führt dazu, dass sich die Blätter öffnen.

Frottage (1)

Info

Wenn du bei dem Wort **Frottage** an Frotteehandtuch denkst, dann liegst du gar nicht so falsch.
Die beiden Dinge haben durchaus etwas miteinander zu tun. „Frottee" kommt aus dem Französischen, dort heißt „frotter" *reiben* oder *rubbeln*. Und das ist es ja, was du mit einem Handtuch tust: Du rubbelst dich trocken.
Die Frottage hat auch mit *reiben* zu tun, aber hierbei wird ein rauer, strukturierter Untergrund oder flacher Gegenstand mit Bleistift oder Kreide auf Papier durchgerieben. Dabei treten die Strukturen deutlich hervor, auch wenn das Bild immer etwas verschwommen bleibt.

Material:
weißes Zettelklotzpapier
Bleistift oder schwarzer Buntstift
Schere
Klebestift
weißes Blatt in DIN A4
Gegenstände zum Durchreiben

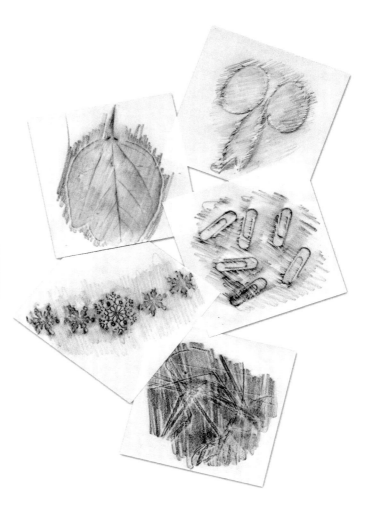

Wer hat die Frottage erfunden?

Der bekannteste Künstler, der sich ganz besonders mit Durchreibe-Techniken beschäftigt hat, war Max Ernst (1891–1976). Um 1925 hat er die Frottage als künstlerische Technik erfunden und weiterentwickelt. Er hat übrigens auch den Begriff *Frottage* geprägt. Auf der Zeichnung siehst du ihn, wie er ein bereitgelegtes Blatt festhält, um gleich mit dem Durchreiben zu beginnen.

BVK PA67 · Kirsten Schönfelder: „Kunst mit dem Zettelklotz"

Frottage (2)

Sammle verschiedene Gegenstände und Materialien, die sich besonders gut zum Durchreiben eignen. Reibe so viele Gegenstände und Strukturen durch, wie du kannst. Nimm jedes Mal ein neues Blatt.

Frage deine Freunde, ob sie die Gegenstände erraten können, deren Struktur du durchgerieben hast. Überlegt euch zusammen, wie man die Frottagen sortieren könnte, und legt passende Blätter zusammen. Ihr könntet zum Beispiel nach ähnlichen Mustern suchen, ähnliche Formen oder verwandte Gegenstände zusammenlegen und daraus eine große Gemeinschaftsarbeit zusammenkleben.

Besonders schön sind Collagen aus Frottagen. Schneide die durchgeriebenen Formen aus und lege sie auf ein weißes Blatt. Was willst du gestalten: ein Fantasietier, einen Menschen oder sogar eine Traumlandschaft? Probiere zunächst durch Verschieben. Klebe die Teile zum Schluss auf dem Blatt fest und überlege dir auch einen Titel für dein Bild.

BVK PA67 · Kirsten Schönfelder: „Kunst mit dem Zettelklotz"

Fratzen schneiden (1)

Material:
farbiges Zettelklotzpapier
weißes Papier DIN A5
Schere
Klebestift
Tasse oder Zirkel

Hier kannst du fiese Fratzen
aus Papier schneiden.
Die Regeln sind ganz einfach:
Du darfst das farbige Papier
nur auseinanderschneiden und dabei kein Teil
verlieren. Du darfst die Teile nicht vertauschen oder ver-
drehen, sondern nur an den Schnittkanten verschieben.
Am leichtesten geht das, wenn du gleich ein weißes Blatt
unterlegst und alle Teile, die du auseinandergeschnitten
hast, wieder an die richtige Stelle zurücklegst.
Am Schluss klebst du deine Fratze auf.
Du kannst deine Fratzen auch aus rundem Papier
ausschneiden. Eine Tasse oder ein Zirkel hilft dir,
das Zettelklotzpapier vorher rund zuzuschneiden.

Fratzenparty

Lade deine Freunde ein und schneidet euch gegenseitig
richtige Fratzen. Wer kann sein Gesicht am verrücktesten
verziehen? Versucht, die Fratze nachzumachen. Das ist gar
nicht so einfach! Vielleicht könnt ihr eure Fratzengesichter
sogar dabei fotografieren.

Fratzen schneiden (2)

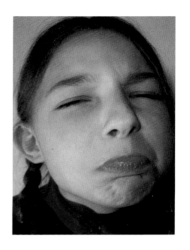

Info

Woher kommt eigentlich das Wort „Fratze"?
„Fratze" sagt man zu einem verzerrten oder hässlichen Gesicht. Das Wort „Fratz" wird heute manchmal noch für ein unartiges Kind benutzt. Beide Wörter sind verwandt und schon sehr alt. Vermutlich haben sie sich aus dem italienischen Wort „frasche" abgeleitet, das schon vor vielen hundert Jahren benutzt wurde, um das ausgelassene Treiben in den Schänken (Gaststätten) zu bezeichnen.

Spiralenwettbewerb (1)

Material:

weißes Zettelklotzpapier

Schere

Klebeband, Magnete

oder Pinn-Nadeln

Was eine Spirale ist und was nicht, da haben
Mathematiker ganz genaue Vorstellungen, denn sie
berechnen Spiralen mit mathematischen Formeln.
Aber weil wir keine Mathematiker sind, können wir
das ein bisschen großzügiger sehen.
Hier hat der Künstler Burkhard Schrader eine Spirale gemalt:

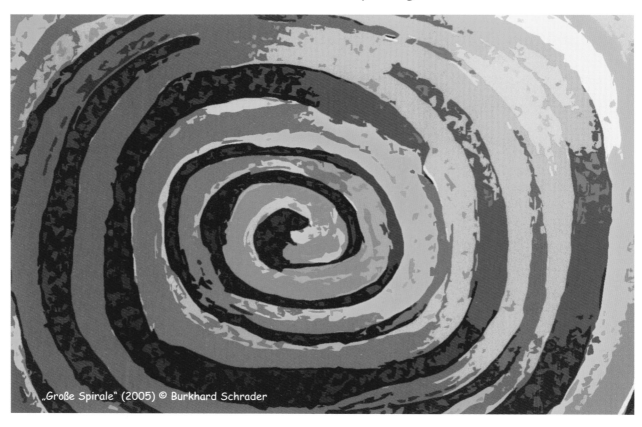

„Große Spirale" (2005) © Burkhard Schrader

Wenn du dich zu Hause oder in der Schule einmal genau umschaust, entdeckst du
bestimmt auch verschiedene Spiralen. Mache Fotos oder Zeichnungen von den
Gegenständen. Du kannst auch deine Freunde zur Spiralensuche einladen. Erzählt euch
gegenseitig, wo ihr überall Spiralen entdeckt habt.

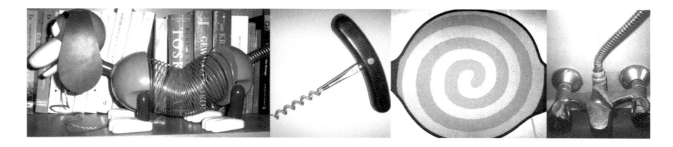

(Wendeltreppen, Spiralnudeln, Federn in Kugelschreibern, Rankhilfen für Tomaten,
Schneckenhäuser, Telefonkabel, Korkenzieherlocken, Schrauben, Luftschlangen,
Kräusel-Geschenkband)

Spiralenwettbewerb (2)

Wer schafft die längste Spirale?

Du kannst mit deinen Freunden einen Spiralen-Wettbewerb veranstalten. Jeder nimmt ein Blatt Zettelklotzpapier und schneidet vorsichtig eine Spirale aus. Sie darf dabei nicht abreißen. Mit Magneten, Klebeband oder einer Pinn-Nadel befestigt jeder das innere Ende an einer Pinnwand, an der Tafel oder an der Tür. Wenn alle Spiralen nebeneinanderhängen, könnt ihr vergleichen, wer von euch die längste Spirale geschafft hat.

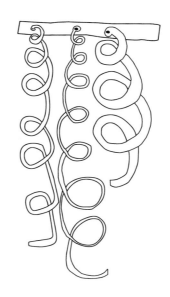

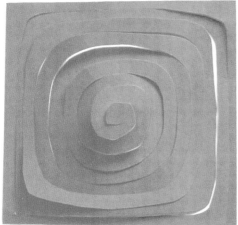

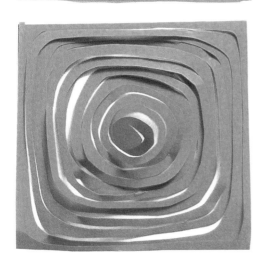

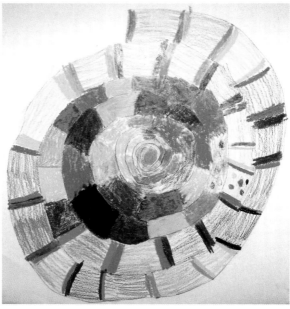

Mit Buntstiften oder Deckfarbe kannst du auch Spiralenbilder malen. Hier siehst du ein Bild aus der 1. Klasse. Verfolge mit den Augen den Weg der Spirale. Wird dir dabei schwindelig?

BVK PA67 · Kirsten Schönfelder: „Kunst mit dem Zettelklotz"

Daumenkino (1)

Wie wäre es einmal mit einem ganz besonderen Kino?
Ein Kino, für das du keine Karten zu kaufen brauchst
und das immer geöffnet hat. Du kannst es sogar
überall mit hinnehmen, denn es passt in deine
Hosentasche. Und der Film wird dir garantiert gefallen,
du hast ihn nämlich selbst gemacht.
Herzlich willkommen im Daumenkino!

Material:

weißes Zettelklotzpapier
Bleistift, Radiergummi
schwarzer Filzstift (Buntstifte)
Tacker oder Locher und Faden

Um ein Daumenkino herzustellen, brauchst
du vor allem viele weiße Zettelklotzblätter.
Erstelle sehr einfache Zeichnungen, denn du
solltest mindestens 20 Blätter anfertigen. Unten
und auf den nächsten Seiten siehst du ein paar
Vorschläge, wie man ganz einfache Figuren zeichnen
kann. Wichtig ist ja, dass sich deine Figuren später
bewegen. Deshalb musst du dein Bild immer wieder
zeichnen und jedesmal nur eine Kleinigkeit ändern.
Schaue dir die Bilder unten genau an und überlege,
was von Bild zu Bild etwa gleich bleibt und was sich
verändert. Am besten funktioniert das Zeichnen, wenn du
das nächste Bild deines Films von dem vorherigen abpaust.
Aber Vorsicht, du darfst natürlich nur die Teile abpausen,
die sich nicht bewegen sollen!

Daumenkino (2)

Hier siehst du verschiedene Vorschläge für dein Daumenkino. Lustige Ideen für ein Daumenkino sind auch ein Frosch, der eine Fliege fängt oder eine Blume, die langsam aufblüht. Dir fällt aber bestimmt auch etwas Eigenes ein ...

Wenn dein Daumenkino fertig ist, legst du am Anfang und am Schluss noch einige leere Seiten dazu. Dann lässt es sich später besser blättern.

Nun musst du die Blätter noch zusammenheften. Wenn das Daumenkino nicht so dick ist, geht das mit einem Tacker am besten.
Du kannst es aber auch lochen und durch die Löcher einen Faden ziehen. Der Faden muss richtig stramm sein, wenn du ihn zuknotest.
Sehr gut funktionieren auch Klemmschienen, in die du den Blätterstapel einschieben kannst. Mit einer scharfen Schere kannst du die Schiene in der richtigen Länge abschneiden. Lasse dir von deiner Lehrerin / deinem Lehrer helfen.

Daumenkino (3)

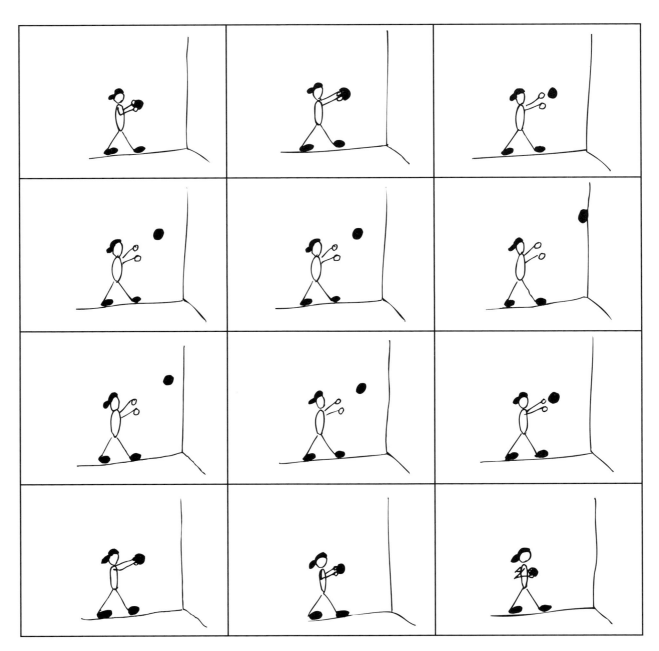

Info

Warum siehst du im Daumenkino Bewegung?

Das Daumenkino unterscheidet sich gar nicht so sehr von einem Kinofilm. Beide bestehen aus einzelnen Bildern. Beim Film sind es in der Regel 25 einzelne Bilder pro Sekunde. Bei deinem Daumenkino sind es natürlich weniger. Aus diesen Momentaufnahmen setzt dein Gehirn eine flüssige Bewegung zusammen. Dabei vergleicht es immer das aktuelle Bild mit dem vorhergehenden und stellt fest, was sich verändert hat. Daraus errechnet das Gehirn die Bewegung, die zwischen den Bildern stattgefunden haben muss. Allerdings müssen die Bilder dazu ziemlich schnell aufeinanderfolgen.

Zeichnen mit der Schere (1)

Material:
farbiges Zettelklotzpapier
Schere
Klebestift
Fotokarton

Auf der Zeichnung siehst du nicht irgendeinen älteren Mann im Rollstuhl, sondern den weltberühmten Künstler Henri Matisse bei der Arbeit.

Er war Franzose und ist schon vor über 50 Jahren gestorben. Aber durch seine Bilder, die in vielen Museen auf der ganzen Welt hängen, gerät er nicht in Vergessenheit.

Henri Matisse war eigentlich Maler, aber er wurde sehr krank, musste im Rollstuhl sitzen und konnte später nur noch im Bett liegen. Weil er so krank war, konnte er nicht mehr malen. Doch Matisse wollte weiter Bilder machen. Und so begann er, farbige Papiere zu zerschneiden und Collagen anzufertigen.

Info

Das Wort **Collage** kommt aus dem Französischen und leitet sich von *coller* ab, das heißt *kleben*.

Für seine Collagen ließ Matisse Papierbögen von seinen Assistenten einfärben. Daraus hat er dann seine Figuren und freien Formen ausgeschnitten. Matisse nannte diese von ihm erfundene Technik „Mit der Schere zeichnen".

Seine Papiercollagen sind wunderschön. Heute ist er wegen dieser Collagen mindestens genauso berühmt wie für seine Gemälde.

Auf der Zeichnung oben siehst du im Hintergrund einen Teil einer solchen Figur. Es ist eine stehende Frau mit einem Rock. Entdeckst du sie? Hier hat Matisse die Papierteile direkt an die Wand in seiner Wohnung kleben lassen. Auch in den anderen Zimmern waren die Wände mit seinen Collagen bedeckt. Weil er sie nicht mehr selbst aufhängen konnte, zeigte er mit einem langen Zeigestock, wo die Assistenten die einzelnen Teile seiner Bilder anbringen sollten.

Zeichnen mit der Schere (2)

Hier haben Kinder einer 4. Klasse wie Matisse mit der Schere gezeichnet. Wenn du das große Bild genau betrachtest, kannst du einen tollen Trick entdecken. Die Kinder haben nämlich, genau wie Matisse, auch einige Reste verwendet und nicht einfach weggeworfen. Schaue dir besonders die Formen in Pink und in Gelb an. Und wie ist das blaue Quadrat entstanden? Es wurde einfach von dem blauen Rechteck abgeschnitten.

Um eine Collage nach Matisse anzufertigen, ist es wichtig, dass du deine Papierformen in mehreren Schichten übereinanderklebst. Überlege bei dem oberen Bild genau, in welcher Reihenfolge die Flächen und Formen aufgeklebt wurden. An mehreren Stellen ist das Bild vier Schichten dick, wenn man das hellblaue Untergrundpapier mitzählt. Findest du die Stellen?

Zeichnen mit der Schere (3)

Material:

weißes Zettelklotzpapier

Deckfarbkasten und Pinsel

Zeichenblock DIN A3

Schere

Klebestift

Im Meer leben viele Pflanzen und Tiere, wie zum
Beispiel Algen, Fische, Muscheln, Krebse, Seesterne
oder Tintenfische. Dir fallen bestimmt noch viel mehr
Pflanzen und Tiere ein. Überlege dir einige und fertige
eine Meerescollage an. Teile dazu ein Blatt von deinem Zeichenblock wie
auf den Fotos in mehrere Felder ein. Male die Felder abwechselnd mit zwei Farben
aus dem Deckfarbkasten an. Während das Blatt trocknet, kannst du damit beginnen,
aus weißem Papier passende Formen auszuschneiden. Das Aufkleben ist nicht ganz einfach. Lege dir ein altes Blatt als Klebeunterlage bereit.

Turmbau zu Babel (1)

Material:
Zettelklotzpapier
Schere, Stift
Lineal oder Zollstock

Auf der Zeichnung siehst du, wie sich die Menschen
im Mittelalter den Turmbau vorgestellt haben.
Steinhauer bearbeiteten die Steine direkt auf der
Baustelle. Mit Winden wurden die Steinblöcke und der
bearbeitete Mörtel auf den Turm hinaufgezogen.

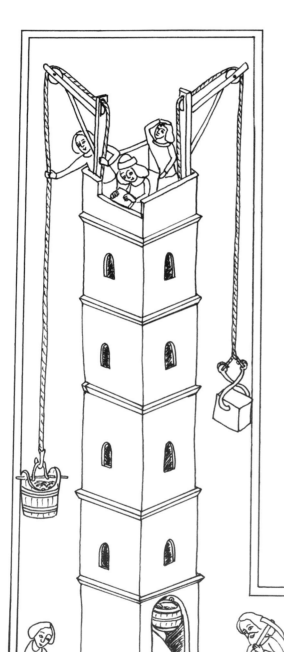

Die archäologischen Befunde heute belegen
aber, dass der legendäre Turm zu Babel eher
die Form einer Stufenpyramide hatte.

Info

Deutsche Forscher haben im 20. Jahrhundert im Irak den Turm von Babel
entdeckt. Er ist ca. 600 vor Christus
gebaut worden.
Heute existieren nur noch ein Teil des
Lehmziegelkerns und ein paar Treppen-
stufen.
Ursprünglich war der Turm 91,5 m hoch,
auf seiner Spitze befand sich ein Tempel.

Turmbau zu Babel (2)

Wer baut den höchsten Turm?

1. Du brauchst Röhren und Bausteine für deinen Turm. Die Papierröhren stellst du her, indem du ein Blatt vom Zettelklotz um einen Stift aufrollst. Falte für den Anfang außerdem mindestens zehn Bausteine.
   Die Anleitung findest du hier:

Falte das Blatt längs in der Mitte zusammen.

Nun falte das halbe Blatt wieder in der Mitte zusammen,

und noch einmal quer in der Mitte zusammen.

Jetzt faltest du die letzten beiden Knicke wieder zurück. Schneide das Blatt an der geschlossenen Seite entlang des Knicks bis zur Mitte ein.

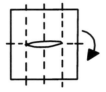

Klappe das Blatt wieder auf. Falte es jetzt quer am Knick zusammen.

Nimm es in beide Hände und führe deine Hände zusammen. Nun ist ein Baustein fertig.

2. Probiere aus, wie die Röhren und die Bausteine zusammengesteckt werden können. Einige Beispiele siehst du hier:

3. Versuche nun, einen möglichst hohen Turm zusammenzustecken. Sicher musst du dafür noch mehr Bausteine und Röhren formen.

4. Mit einem Lineal oder Zollstock kannst du am Schluss die Höhe deines Turms messen.

Ein Wandbild nach Matisse (1)

Material:

farbiges Zettelklotzpapier

Schere

Klebestift

Deckfarbkasten und Pinsel

Klebeband

Wenn viele Kinder mithelfen, kannst du ein riesiges
Wandbild für dein Zimmer, eure Klasse oder für den Flur
in der Technik von Henri Matisse gestalten. Hier siehst
du das Bild einer 3. Klasse. Jedes Kind hat ein Blatt mit
neun kleinen Feldern gestaltet. Anschließend wurden die
einzelnen Blätter auf der Rückseite mit Klebeband aneinandergeklebt.

Wenn man so ein großes Bild aufhängen möchte, braucht man auch eine große freie
Wandfläche. Überlegt zusammen, wo euer Riesen-Wandbild besonders gut zur Geltung
kommen würde und wie ihr es am besten befestigt.

Ein Wandbild nach Matisse (2)

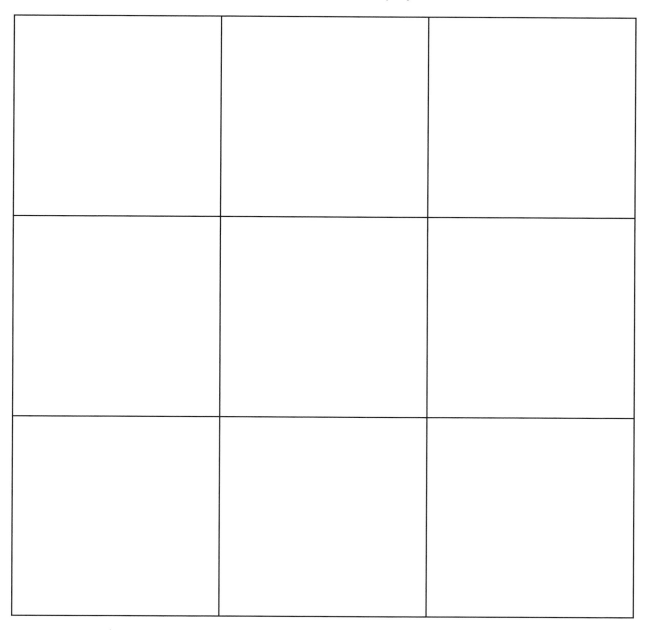

Die Vorlage muss mit Hilfe eines Kopierers auf 165–170 % vergrößert werden.
Schneide den unteren Streifen ab. Das Blatt ist dann quadratisch.

Jetzt kannst du mit dem Deckfarbkasten alle neun Felder in verschiedenen leuchten-
den Farben anmalen. Nimm wenig Wasser und rühre die Farbe mit dem Pinsel gut auf.
Schwarz und Braun benutzt du besser nicht.

Schneide aus fünf farbigen Zettelklotzpapieren Formen aus, das Foto zeigt dir ganz
viele Beispiele. Setze beim Schneiden nicht ab und lasse die Schere am Schluss
wieder genau am Anfangspunkt ankommen. Aus jedem Zettelklotzblatt entstehen so
zwei Figuren, die innere und die äußere. Klebe beide auf verschiedene Flächen
deines Blattes. Am Schluss bleibt eine Figur übrig, weil du zehn Figuren, aber nur
neun Felder hast.

BVK PA67 · Kirsten Schönfelder: „Kunst mit dem Zettelklotz"

Kreisel (1)

Material:
Zettelklotzpapier
Schere, Nadel, Klebeband
Zahnstocher
Bleistift oder Zirkel
Bunt- / Filzstifte

Info

Kreisel gibt es heute in den verschiedensten Formen und aus ganz unterschiedlichen Materialien. Es werden immer noch neue Modelle erfunden und verkauft. Als Spielzeug sind Kreisel echte Dauerbrenner. Schon vor mehreren tausend Jahren waren sie bekannt und auch im Mittelalter wurde mit ihnen gespielt. Bestimmt besaßen auch deine Großeltern und Eltern verschiedene Kreisel, vielleicht solche, die aus Holz gedrechselt waren und die mit einer Peitsche angetrieben wurden. Frage sie doch einmal.

So kannst du dir einen Tischkreisel einfach selbst bauen:
Zeichne auf das Zettelklotzpapier mit Bleistift einen Kreis. Mit einem Zirkel geht das natürlich am besten. Male den Kreis zuerst farbig an und schneide ihn erst danach aus. Dann macht es nichts, wenn du über den Rand malst.
Damit das Loch, durch das der Zahnstocher gesteckt wird, nicht so schnell ausleiert, klebe zuerst auf die Mitte der Unterseite ein Stück Klebeband. Dann kannst du mit einer Nadel (z. B. von der Pinnwand) ein Loch in die Mitte stechen. Schiebe jetzt den Zahnstocher vorsichtig durch das Loch.

Augentäuschung gefällig?
Betrachte dein gemaltes Kreiselbild ganz genau. Versuche dir zu merken, wie das Muster aussieht. Überlege vorher, wie das Muster wohl aussehen wird, wenn du den Kreisel in Bewegung setzt. Nun drehst du den Kreisel. Beobachte, wie sich das Kreiselbild verändert. Sieht es so aus, wie du es dir vorgestellt hast?

Kreisel (2)

Andere Kinderspiele von früher

Vor 500 Jahren hatten Kinder natürlich viel weniger Spielzeug als du heute.
Hier siehst du einige Spiele, die Kinder früher gern gespielt haben: Blinde Kuh,
Huckepack-Reiter, Stelzenlaufen, Knochenspiel (ähnlich wie Murmeln), Reifenschlagen,
Fassreiten, Trageschaukel, Steckenpferd, Bockspringen.

Male die einzelnen Spiele an. Schneide sie aus und klebe sie auf ein Blatt. Denke dir
Spielregeln aus und schreibe sie dazu. Probiere mit deinen Freunden die Spiele aus.
Machen sie euch genauso viel Spaß wie eure heutigen Spiele?

Pop Up (1)

Material:

farbiges Zettelklotzpapier
schwarzer Filzstift
Buntstifte für das Schwein
Schere
Klebestift
Locher für den Käse

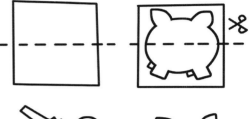

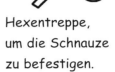

Hexentreppe,
um die Schnauze
zu befestigen.

Info

„Pop up" ist englisch und bezeichnet alle Karten und Bücher, bei denen sich beim Aufklappen etwas ausfaltet oder hinstellt.

Mit dem Zettelklotzpapier kannst du tolle Faltkarten basteln. Du kannst sie als Tisch- oder Namenskarten verwenden oder einfach nur zur Dekoration aufstellen. Da man die Faltkarten auch wieder flach zusammenklappen kann, passen sie sogar in einen Briefumschlag. Vielleicht hast du ein Pop up-Buch zu Hause. Schaue es dir doch einmal ganz genau an, um herauszufinden, wie es gemacht wurde.

Für den Käse benutzt du einen Locher.

Pop Up (2)

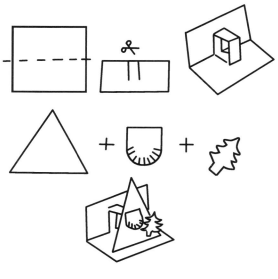

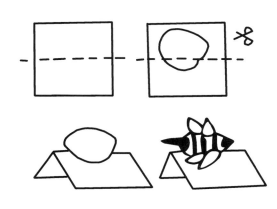

Beim Schweinchen und bei der Biene darfst du die Figur nur oberhalb des Faltknicks ausschneiden.

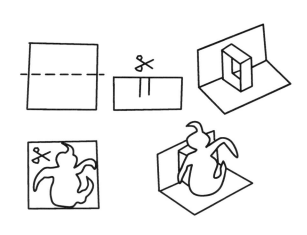

BVK PA67 · Kirsten Schönfelder: „Kunst mit dem Zettelklotz"

Pop Up (3)

Vorlagen

1 x

2 x

Papierflieger

Material:

farbiges Zettelklotzpapier

Es gibt viele verschiedene Möglichkeiten, Papierflieger zu falten. Bestimmt kennst du mindestens zwei unterschiedliche. Frage deine Freunde und lasse dir ihre Falttechniken zeigen. Versuche, so viele verschiedene Modelle wie möglich zu falten.

Du kannst deine Freunde zu einem Mini-Flieger-Wettbewerb einladen oder deine Flieger alleine ausprobieren. Welches Modell fliegt am weitesten? Welche Flieger funktionieren nicht so gut? Woran könnte das liegen? Suche das beste Modell aus. Schreibe und zeichne eine Faltanleitung für deinen Super-Weitflieger. Bestimmt fällt dir auch ein besserer Name für deinen Lieblingsflieger ein.

Info

Warum fliegen Flugzeuge?
Die mächtigen Turbinen und die Form der Flügel sorgen zusammen dafür, dass das Flugzeug vom Boden abhebt, wenn es stark beschleunigt. Die Flügel müssen so geformt sein, dass die Unterseite gerade und die Oberseite bauchig gewölbt ist. Wenn der Flügel die Luft zerschneidet, müssen die Luftströmungen, die oberhalb des Flügels ihren Weg finden, eine längere Strecke zurücklegen als die unteren. Denn sie müssen um die Wölbung des Flügels einen Bogen machen. Dadurch wird die Luft dort dünner und strömt schneller. Dabei *saugt* sie den Flügel nach oben. Hinter dem Flügel vereinen sich die Luftströmungen dann wieder.

Querschnitt eines Flügels

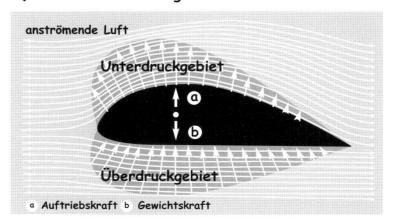

anströmende Luft

Unterdruckgebiet

Überdruckgebiet

a Auftriebskraft b Gewichtskraft

Pinguinträume (1)

Material:
weißes Zettelklotzpapier
Schere
Filzstifte

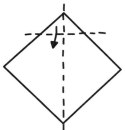

Falte das Blatt diagonal.
Öffne es wieder und knicke
die obere Ecke nach unten.
Dies wird der Schnabel.

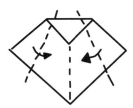

Falte nun die
Seiten bis an die
Mittellinie.

Falte das Blatt
in der Mitte längs
nach hinten.

Ziehe die Spitze
des Schnabels nach oben
und drücke ihn zwischen
den Seiten fest.

Schneide nun
die Füße ein.

Bastle einen Pinguin. Wenn du magst, kannst du deinen Pinguin auch auf
ein Blatt aufkleben und alles, was er sich wünscht, dazumalen.

Kannst du wie ein Pinguin gehen?
Veranstalte mit deinen Freunden einen „Watschel-Wettbewerb"!

War dir schon einmal richtig langweilig? Was wünschst du dir, um dir
auf verrückte Art die Zeit zu vertreiben?

Pinguinträume (2)

1. Am Südpol auf dem blanken Eis
   spaziert ein Pinguin im Kreis.
   Er legt mit träumerischen Blicken
   die Flossen langsam auf den Rücken
   und wandelt weiter, überlegend,
   warum es wohl in dieser Gegend
   (was ihn betrübt)
   nichts Grünes gibt.

2. Er wünscht sich saftig-grüne Wiesen,
   auf denen üppig Blumen sprießen.
   Da plötzlich schmelzen Eis und Schnee,
   und Kräuter, Gras und grüner Klee
   und tausend bunte Blumen blühn
   um den erstaunten Pinguin,
   der sich verdutzt
   die Augen putzt.

3. Er ruft: Juhu und wirft sich auch
   ins grüne Polster auf den Bauch.
   Ach, denkt er, was für schöne Dinge!
   Jetzt fehlen nur noch Schmetterlinge!
   Kaum, dass er diesen Wunsch getan,
   fängt's ringsherum zu flattern an.
   Schon sind – hurra –
   die Falter da!

4. Da hat er nun – lang hingestreckt –
   seltsame Wünsche ausgeheckt:
   Er wünscht sich himmelblaue Rosen
   und gelbgestreifte Herbstzeitlosen.
   Sogar Kakteen, stachlig-wild,
   und jeder Wunsch wird ihm erfüllt.
   Da wird er kühn,
   der Pinguin!

5. Er wünscht sich apfelgroße Fliegen
   und sieben Meter lange Ziegen
   und Löwen, größer als ein Schrank,
   und Schlangen, kilometerlang.
   Zum Schluss wünscht er sich einen Wal,
   entsetzlich groß und kolossal.
   Doch da – o Schreck –
   ist alles weg.

6. Die Wiese fressen ab die Fliegen,
   die Fliegen werden von den Ziegen
   gefressen, und den Ziegenhauf,
   den fressen alle Löwen auf.
   Die Löwen sterben durch die Schlangen.
   Jedoch die Schlangen, all die langen,
   die frisst der Wal,
   mit einem Mal.

7. Der Wal, der plumpst zurück ins Meer.
   Und nun ist alles wie vorher.
   Der Pinguin, halb schwarz, halb weiß,
   spaziert im Kreis wohl auf dem Eis
   und denkt sich so beim Kreis-Beschreiben:
   Man muss sich halt die Zeit vertreiben,
   der eine so,
   der andre so!

© Günther Strohbach

Überlege dir pantomimische Bewegungen
zum Gedicht und spiele das Gedicht vor,
während es vorgelesen wird.

Dreiecks-Drache Dragomir (1)

Material:
farbiges Zettelklotzpapier
Schere
Klebestift
weißes Blatt DIN A4
schwarzer Filzstift

Rums, plumps, bums! Ich saß gerade in meinem Zimmer und erledigte meine Hausaufgaben, da hörte ich draußen im Garten einen ganz schön lauten Krach. Schnell lief ich zum Fenster, zog die Gardine zur Seite und spähte hinaus.
Aber ich konnte nichts Ungewöhnliches entdecken.
Doch dann begann der große Holunderbusch zu wackeln und zu wippen.
„Was kann das wohl sein?", dachte ich und überlegte, ob sich wohl ein Hund in unseren Garten verlaufen hatte.
Schnell schnappte ich mir meine Schuhe und sauste mit großen Schritten in den Garten, um das Geheimnis der wackelnden Äste zu lüften. Ein bisschen ängstlich war ich schon, aber ich war natürlich auch sehr, sehr neugierig. So schlich ich mich vorsichtig näher, um das, was sich da wohl versteckte, nicht zu erschrecken. Behutsam bog ich die unteren Zweige auseinander und spähte in den grünen Busch. Erst konnte ich nichts entdecken, doch dann hörte ich einen traurigen kleinen Seufzer. Und da sah ich das Verrückteste, was ich je entdeckt habe. Ein kleiner bunter Drachen duckte sich zwischen den grünen Blättern. Ich streckte die Hand aus und hätte mich beinahe mächtig gepiekst. Denn der kleine Drache war überall spitz und stachelig …

▶ **Was machst du mit dem kleinen Drachen?**

▶ **Nimmst du ihn mit ins Haus?**

▶ **Kann er sprechen?**

▶ **Was frisst der Drache?**

▶ **Warum ist der Drache traurig?**

▶ **Was unternehmt ihr zusammen?**

Dreiecks-Drache Dragomir (2)

Zerschneide das Zettelklotzblatt in Dreiecke. Zuerst schneidest du das Quadrat von Spitze zu Spitze in zwei Dreiecke. Dann schneidest du immer von der langen Seite genau zur gegenüberliegenden Spitze. Du braucht mindestens 10 Dreiecke, besser geht es mit 15 Dreiecken oder mehr. Danach legst du die Dreiecke auf ein DIN-A4-Blatt und schiebst sie so lange herum, bis dein Drache entstanden ist. Nun kannst du die Teile festkleben. Am Schluss schneidest du noch weiße Augen aus und bemalst sie mit einem schwarzen Filzstift. Drachenaugen können zum Beispiel so sein:

BVK PA67 · Kirsten Schönfelder: „Kunst mit dem Zettelklotz"

Flechtherzen (1)

Material:
rotes und weißes Zettelklotzpapier
Schere
Klebestift

1923 wurde in Deutschland zum ersten Mal
offiziell der Muttertag gefeiert.
Um zu zeigen oder zu sagen, dass du jemanden lieb
hast, brauchst du keine teuren Geschenke, aber ein
bisschen Mühe solltest du dir schon geben.

Du könntest z. B. ein Flechtherz basteln. Dazu brauchst du je ein Blatt rotes und
weißes Zettelklotzpapier. Lege beide Blätter übereinander und falte sie einmal in
der Mitte. Dann kannst du die Herzform leichter ausschneiden. Schneide beide
Herzen zusammen auf einer Seite ein. Das Flechten der Streifen erfordert ganz
schön Geschick.

Du kannst auch ein Muttertagsgedicht abschreiben und das Blatt verzieren oder
dazu malen.

Liebe Mama!
Hör mal zu, was ich dir sag',
und das nicht nur am Muttertag:

Du kannst Sachen reparieren
und bist gut zu allen Tieren.

Du musst manchmal ganz laut lachen
und kochst all' die leckren Sachen.

Tröstest mich und deckst mich zu,
putzt mir meine Lieblingsschuh.

Kurz gesagt, das ist jetzt klar,
du bist einfach wunderbar!

© Kirsten Schönfelder

Flechtherzen (2)

Wünsch dir was!
Heut' räum' ich mein Zimmer auf
oder sauge ganz viel Staub.
Du darfst dir was wünschen!

Ich bürst' die Blumen, gieß' den Hund,
oder mach' ich's andersrum?
Du darfst dir was wünschen.

Ich hab' dich lieb und steh' bereit,
ich schenk' dir heute meine Zeit.

© Kirsten Schönfelder

Ein Bild für dich
Ich hab' dir ein Bild gemalt
mit Herzen und mit Stern,
mit vielen tollen Farben,
denn ich hab' dich so gern.

© Gustel

Dinge mit „M"
Mama
Merien
Maghetti
Mokoladeneis
Mußball
Alle tollen Sachen fangen mit M an!

© Heike Englisch

Gedicht für Mama
Weil du meine Mama bist
Kriegst du heute ein Gedicht
Das soll dir sagen
Ich hab' dich lieb –
Jetzt rat mal, wer dir das schrieb!

© Elske Randow

Muttertag
Liebe Mutti, heut' ist dein Tag
da sag' ich dir, wie lieb ich dich hab':
so lieb wie der Baum hoch ist,
so lieb wie Wasser nass ist,
so lieb wie Zucker süß ist,
soooo lieb, dass du es nie vergisst,

so lieb wie die Sonne lacht,
so lieb wie das Gewitter kracht,
so lieb wie das große Zirkuszelt,
soooo lieb wie rund um die ganze Welt!

© Sonja Zimmer

BVK PA67 · Kirsten Schönfelder: „Kunst mit dem Zettelklotz"

Tangram (1)

Info

Material:
farbiges Zettelklotzpapier
Lineal, Bleistift, Schere
weißes Papier als Unterlage
oder zum Aufkleben
Klebestift

Tangram ist ein Legespiel, das aus China stammt. Die ursprünglichen Bezeichnungen bedeuteten übersetzt in etwa *Siebenbrett*, *Siebenschlau* oder *Weisheitsbrett.* Wie lange es dieses Spiel schon gibt, ist unbekannt. Aber man kann wohl davon ausgehen, dass es bereits vor Christus gespielt wurde. Es dauerte allerdings noch weit bis ins 19. Jahrhundert bis Vorlagenbücher auch in Europa und Amerika bekannt waren.

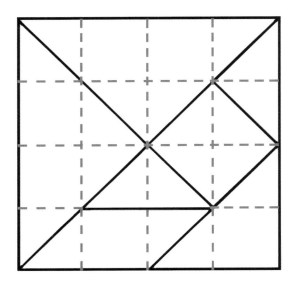

Um die sieben Teile des Tangram-Spiels aus einem Zettelklotzpapier ausschneiden zu können, musst du das Papier so oft jeweils zur Hälfte falten, bis 16 Quadrate sichtbar werden. Dann kannst du die Schnittlinien mit Lineal und Bleistift von dem Bild links übertragen und die Teile auseinanderschneiden. Je sorgfältiger du entlang der geraden Linien schneidest, desto leichter ist es später, die Figuren nachzulegen.

Die Regeln sind ganz einfach: Alle sieben Teile müssen beim Legen einer Figur verwendet werden. Die Teile dürfen sich an den Kanten berühren, sie dürfen aber nicht überlappend aufeinandergelegt werden. Vielleicht gibt es sogar in eurer Bücherei Hefte mit Tangram-Vorlagen. Oder schaue doch mal im Internet nach unter: *www.mathematische-basteleien.de/tangram.htm*

Tangram (2)

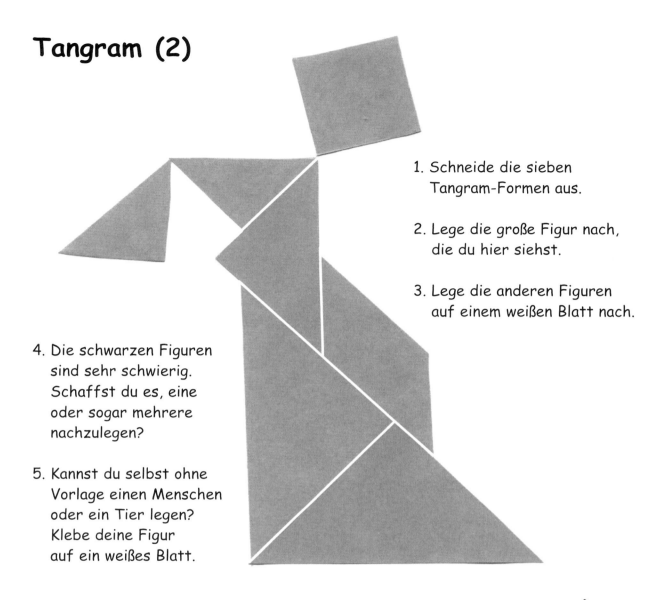

1. Schneide die sieben Tangram-Formen aus.

2. Lege die große Figur nach, die du hier siehst.

3. Lege die anderen Figuren auf einem weißen Blatt nach.

4. Die schwarzen Figuren sind sehr schwierig. Schaffst du es, eine oder sogar mehrere nachzulegen?

5. Kannst du selbst ohne Vorlage einen Menschen oder ein Tier legen? Klebe deine Figur auf ein weißes Blatt.

Windkraft (1)

Material:
farbiges Zettelklotzpapier
Strohhalme, Stecknadeln, Schere
Cutter
Schaschlikspieße oder Holzwäscheklammern

Info

Objekte, die sich bewegen und die keinen wirklichen Zweck erfüllen, nennt man in der Kunst „Kinetische Objekte". So betrachtet sind die Windräder und Windscheiben hier auch „Kinetische Objekte". Sie sind nicht wirklich nützlich, dafür ist es aber besonders unterhaltsam, sie zu bauen und zu beobachten. Du kannst ein Windrad am Stab basteln, das du sehr schön auf dem Balkon oder im Garten in die Erde stecken kannst. Die Befestigung an einer Wäscheklammer ist eine neue Idee. Sie bietet den großen Vorteil, dass du das Windrädchen oder die Windscheibe überall ganz leicht anbringen kannst. Wenn du einmal keine Idee für ein Geschenk hast: Über ein Windrad freuen sich Kinder genauso wie Erwachsene.

Warum haben große Windräder nur drei Flügel?

Es gibt sogar Windkraftanlagen, die nur zwei Flügel haben. Es gibt aber keine Anlagen mit vier Flügeln. Auch wenn es zunächst sonderbar erscheint, dreht ein Windrad bei starkem Wind umso besser, je weniger Flügel es hat. Allerdings sind Zweiflügler lauter und sehen viel unruhiger aus. So ist der Dreiflügler eine gute Möglichkeit, um starken und schwachen Wind gut auszunutzen und gleichzeitig die Menschen, die in der Nähe von Windrädern wohnen, nicht zu sehr zu stören.

Windkraft (2)

 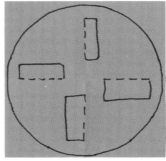 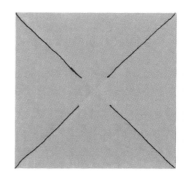

Der Wind

In allem Frieden
schlief abgeschieden
hinter einer Hecke
der Wind.
Da hat ihn die Spitzmaus
- wie Spitzmäuse sind -
ins Ohr gezwickt.
Der Wind erschrickt,
springt auf die Hecke
fuchsteufelswild,
brüllt,
packt einen Raben
beim Kragen,
rast querfeldein
ins Dorf hinein,
schüttelt einen Birnbaum beim Schopf,
reißt den Leuten den Hut vom Kopf,
schlägt die Wetterfahne herum,
wirft eine Holzhütte um,
wirbelt den Staub in die Höhe:
wehe,
der Wind ist los!

aus: Josef Guggenmos, Groß ist die Welt
© 2006 Beltz & Gelberg in der Verlagsgruppe
Beltz, Weinheim & Basel

Windscheiben

Um die Windscheiben herzustellen, brauchst du einen Cutter. Die kleinen Flügel werden an der durchgezogenen Linie eingeschnitten und an der gestrichelten Linie umgefaltet. Dabei biegst du die Flügel abwechselnd zur Vorder- und zur Rückseite um. Es können auch mehrere Windscheiben auf einen Faden aufgefädelt werden. Strohhalmstücke von mindestens 10 cm Länge halten die Scheiben dabei auf Abstand.

Windmühle

Für die Windmühle schneidest du zuerst ein kleines Röhrchen von ca. 1 cm Länge von einem Strohhalm ab. Jetzt wird das Röhrchen der Länge nach aufgeschnitten, sodass du zwei gebogene Plättchen erhältst. Fädle eines der Plättchen auf die Stecknadel.
Schneide anschließend das Papier an den Ecken ein. Von den dadurch entstandenen acht Spitzen fädelst du jede zweite auf die Stecknadel und stichst mit der Stecknadel zuletzt durch die Mitte. Schneide ein 2–3 cm langes Strohhalmröhrchen ab und stecke dieses als Abstandhalter auf die Nadel. Drücke nun das Ende der Nadel fest in einen Schaschlikspieß oder in eine Holzwäscheklammer.

Papier-Relief (1)

Material:

weißes Zettelklotzpapier

Schere

1 Bogen weißer Tonkarton

Klebestift

Info

Ein Zettelklotzblatt ist ein ganz flacher Gegenstand.
Aber wenn du magst, kannst du daraus ein **Relief**
machen. *Relief* nennt man Bilder oder Gegenstände,
die nur eine flache Seite haben. Die andere Seite ist
so geformt, dass ihre Oberfläche teilweise weit in den
Raum vorsteht. Das Wort Relief kommt übrigens von
dem lateinischen Wort *relevare*, was *in die Höhe heben*
bedeutet.

Um ein Papier-Relief herzustellen, schneidest du mit der Schere so in ein Zettelklotzpapier, dass du einen Streifen, ein Dreieck oder eine freie Form hochklappen
kannst. Du musst also aufpassen, dass du das angeschnittene Teil nicht ganz
abschneidest. An einer Seite muss es mit dem Papier verbunden bleiben, das ist
die Kante, an der du es nach oben falten kannst.

Hier siehst du, dass auch einfache Streifen toll aussehen. Schneide dazu einfach
zweimal nebeneinander in das Papier und knicke den Streifen so, dass er aufrecht
nach oben steht, wenn du das Papier hinlegst.

Papier-Relief (2)

Hier haben Kinder einer 4. und einer 6. Klasse zusammen mit einigen Erwachsenen ein ganzes Relief-Wandbild mit Zettelklotzpapieren gestaltet. Man kann die einzelnen Blätter natürlich auch auf einen farbigen Untergrund kleben. Aber ganz in Weiß sieht es besonders toll aus. Und die vielen Schatten, die die hochgeklappten Teile werfen, kommen sehr gut zur Geltung.

Dampfschifffahrtsgesellschaft (1)

Material:

farbiges Zettelklotzpapier

Deckfarben oder Stifte

Kopierer

Würfel

Info

Wer möchte nicht auf einem Traumschiff einen erholsamen Luxusurlaub verbringen? Du kannst am Büfett schlemmen und dich auf Liegestühlen an Deck sonnen. Das Gefährlichste, was dir dabei passieren kann, ist ein schlimmer Sonnenbrand.

Früher waren Schiffsfahrten jedoch mühsam, entbehrungsreich und oft auch wirklich gefährlich. Heftige Stürme, verdorbenes Trinkwasser oder verschimmelte Lebensmittel waren an der Tagesordnung. Oft waren die Seeleute monatelang auf dem Ozean unterwegs, ohne Land zu sehen. Wenn sie alle Gefahren überstanden hatten und einigermaßen gesund zurückkehrten, erzählten sie fantastische Geschichten von ihrer Fahrt.

Manchmal haben sie dabei auch richtiges Seemannsgarn gesponnen. Das heißt, sie haben mächtig übertrieben und erfanden auch einiges dazu. So erzählten sie schauerliche Geschichten von riesigen Seeungeheuern, die im Ozean lauern.

Nach den Beschreibungen der Matrosen haben Künstler diese Seeschlangen und Seedrachen sogar gemalt und sie wurden auch auf Seekarten eingetragen, um andere Seeleute vor diesen gefährlichen Stellen zu warnen.

Kannst du auch richtiges Seemannsgarn spinnen?
Erfinde ein verrücktes, gruseliges und fantastisches Seeabenteuer!

Kapitän, Ungeheuer voraus!

Suche dir drei Mitspieler. Malt das Spielfeld mit Wasserfarben oder mit Stiften so an, dass überall gefährliche Wellen und Meeresungeheuer lauern.

Dann faltet jeder Spieler vier Dampfer in seiner Farbe. Die Dampfer benutzt ihr als Setzsteine.

Jetzt braucht ihr noch einen Würfel und dann könnt ihr nach den Regeln von „Mensch ärgere dich nicht!" durch den gefährlichen Ozean schippern.

Dampfschifffahrtsgesellschaft (2)

Dieser Spielplan muss hochkopiert werden (170 %)

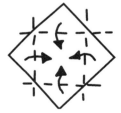

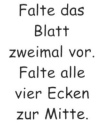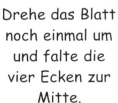

Falte das Blatt zweimal vor. Falte alle vier Ecken zur Mitte.

Drehe das Blatt um und falte wieder die vier Ecken zur Mitte.

Drehe das Blatt noch einmal um und falte die vier Ecken zur Mitte.

Drehe das Blatt um und drücke die Schornsteine hoch.

Ziehe dabei die Ecken der Schornsteine heraus. Nun kannst du Bug und Heck hochziehen.

Weihnachtssterne (1)

Material:
farbiges Zettelklotzpapier
Schere
Klebestift
Nadel und Faden zum Aufhängen

Ich weiß einen Stern

Ich weiß einen Stern
Gar wundersam,
Darauf man lachen
Und weinen kann.

Mit Städten, voll
Von tausend Dingen.
Mit Wäldern, darin
Die Vögel singen.

Ich weiß einen Stern,
Drauf Blumen blühn,
Drauf herrliche Schiffe
Durch Meere ziehn.

Er trägt uns, er nährt uns,
Wir haben ihn gern:
Erde, so heißt
Unser lieber Stern.

aus: Josef Guggenmos, Groß ist die Welt
© 2006 Beltz & Gelberg in der Verlagsgruppe Beltz,
Weinheim & Basel

Vielleicht kannst du auch ein Gedicht schreiben, es muss sich nicht reimen.
Du kannst dir zum Beispiel etwas über den Weihnachtsstern aus der Weihnachts-
geschichte oder einen weit entfernten Stern im Weltall ausdenken.
Wenn du lieber Geschichten schreibst und malst, könntest du zum Beispiel diese
weiterschreiben:

> *Am dunklen Winterhimmel leuchtete ein kleines Sternchen. Es war sehr, sehr*
> *traurig, denn es hatte keine Zacken. Es sah eher wie ein runder gelber Käse aus.*
> *Deshalb lachten die großen Sterne über das kleine Sternchen und nannten es*
> *spöttisch ...*

Schmücke deine Geschichte mit selbstgebastelten Sternen. Die Anleitungen zum
Falten und Schneiden findest du oben und auf der nächsten Seite.

Weihnachtssterne (2)

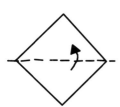 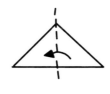

Wie viele Zacken haben die Sterne?

Das ist eigentlich eine Fangfrage. Denn die Sterne sind wie unsere Sonne, sie sind rund und haben gar keine Zacken. Trotzdem sehen wir sie funkeln. Das kommt durch die vielen Luftschichten, die die Erde umgeben. Die Luft bewegt sich und es gibt darin winzig kleine Staubkörnchen. Dadurch wirkt das Licht der Sterne „verwackelt" und wir sehen die Sterne gezackt und funkelnd. Es gibt also einen guten Grund, warum wir Sterne mit Zacken darstellen, auch wenn sie in Wirklichkeit keine haben.

Rezept Zimtsterne

⭐ Eiweiß von 2 Eiern
⭐ 200 g Zucker
⭐ 1 TL Zitronensaft
⭐ 250 g gemahlene Mandeln
⭐ 2 gestrichene TL Zimtpulver

Schlage das Eiweiß mit dem Mixer steif. Gib den Zucker dazu und schlage die Masse weiter, bis sie glänzt. Rühre zum Schluss den Zitronensaft unter. Nimm zwei Löffel von der Masse ab und stelle diese Menge beiseite.
Mische nun in einem anderen Gefäß die gemahlenen Mandeln mit dem Zimtpulver. Rühre diese Mischung dann vorsichtig unter den Eischnee, bis ein fester Teig entsteht. Stelle den Teig für eine Stunde in den Kühlschrank.
Danach kannst du den abgekühlten Teig ausrollen und mit Plätzchenformen Sterne ausstechen. Lege die Plätzchen auf ein Backblech, das du mit Backpapier ausgelegt hast, und bestreiche die Plätzchen mit der restlichen Eiweißmasse. Nun kannst du sie bei 180 °C im vorgeheizten Backofen auf der zweiten Schiene von unten 10 bis 12 Minuten lang backen.

BVK PA67 · Kirsten Schönfelder: „Kunst mit dem Zettelklotz"

Schmuck

Material:
farbiges Zettelklotzpapier
Schere
Klebestift
Wolle
Schaschlikspieß oder Zahnstocher

Es müssen ja nicht immer Gold, Silber und Edelsteine sein. Auch aus Papier kann außergewöhnlicher Schmuck hergestellt werden. Du brauchst allerdings ein bisschen Fantasie und geschickte Hände. Vielleicht verkleidest du dich ja auch als Papierprinzessin zu Karneval. Menschen haben zu allen Zeiten versucht, sich mit Schmuck zu verschönern. Dazu haben sie Materialien benutzt, die sie in der Natur fanden: Federn, Tierknochen, Muscheln, geschnitzte Holzstückchen oder kleine Kieselsteinchen.

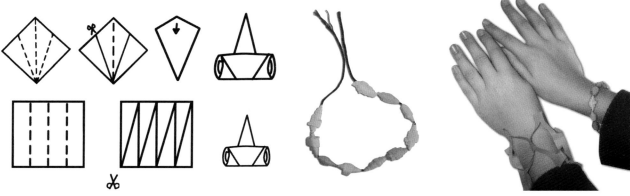

Große Papierperlen:
1. Knicke das Blatt in der Mitte zu einem Dreieck.
2. Falte nun die oberen Kanten jeweils auf die Blattmitte.
3. Schneide die Seiten an den entstandenen Knicken ab.
4. Rolle das Blatt in Pfeilrichtung zusammen und klebe das Ende fest.

Für **kleine Perlen** schneidest du aus dem Zettelklotzblatt mehrere schmale Dreiecke. Du kannst sie mit Hilfe eines Schaschlikspießes oder Zahnstochers aufrollen.

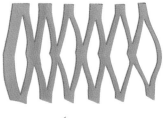

Wenn du ein Zackenarmband basteln willst, falte das Papier in der Mitte und schneide das gefaltete Papier abwechselnd von links und rechts ein. Stecke die Enden ineinander oder klebe sie zusammen.

Für Ohrringe faltest du ein Zettelklotzpapier zweimal diagonal und schneidest die Dreiecke auseinander. Rolle ein Dreieck um einen Stift und befestige das Papier anschließend an einem Ohrstecker.